MEINE WEISSE ETHIK

Gedankengut eines Vierundzwanzigjährigen

© 2014 Ky Dtika

Herstellung und Verlag: BoD – Books on Demand, Norderstedt

ISBN 978-3-7357-2227-0

Wenn die Gerechtigkeit zur Kunst,

wenn der Respekt zur Begeisterung wird,

dann wird das Subjekt als ein sich selber gerecht

werdendes Individuum geliebt, gelebt und gelobt.

3.1.2014 - Ky Dtika

Inhaltsverzeichnis

Vorwort

Ich bezeichne mich als selbstfähig, selbstbewusst und selbstsicher, sowie selbstdiszipliniert, selbstglücklich, selbstliebend und selbstorientiert, als auch selbstethisch, mich selbsterziehend und selbstbeherrschend und ausserdem als sanftmütig.

Was ich nicht bin, ich bin nicht selbstzweifelnd, selbstsüchtig und selbstverliebt.

Ihr merkt schon, ich betone stark das Selbst, dies ist auch meine Lebensphilosophie. Ich versuche ständig mich selbst zu „häcken" und meine Fähigkeiten sowie meinen Wissenshorizont, vor allem auch lebenspraktisch, zu erweitern.

Ich beschäftige mich gerne mit Ethik, hatte eine besonders intensive Jugend mit aussergewöhnlichen Problemen und erlangte deshalb auch aussergewöhnliche Erfahrungen. Ich bin ein blauer Star, jemand der sich selbst gefunden hat und ein grüner Star, eine Person, welche voller Hoffnung ist.

Dieses Booklet soll meinen ethischen Leitfaden, meine ethischen Grundsätze und auch den Grundpfeiler meiner Lebensphilosophie wiedergeben.

Mein Ziel ist es nicht zu missionieren, sondern ich will lediglich meine Ansichten offenlegen.

Auch will ich einige in der heutigen Gesellschaft absolut unbekannte Genuss verstärkende Wahrnehmungstipps aufzeigen, welche ich selbst entwickelt habe und praktiziere. Diese Tipps sind zwar einfach erklärt, nichts desto trotz aber schwierig auszuführen, obwohl sie einfach in den Alltag zu integrieren wären. Sie fördern das Selbstglück, sind umweltfreundlich und somit leicht mit der weissen Ethik zu vereinbaren. Ausserdem bin ich der Überzeugung, dass die Ethik leichter anzuwenden ist, wenn der Genuss und damit die Zufriedenheit gewährleistet wird. Umgekehrt bin ich auch der Meinung, dass die Ausführung der Weissen Ethik zu mehr Genuss und weniger Leiden führt.

Ich habe gemerkt, dass ich die Wahrnehmungstipps, welche den Genusskoeffizienten maximieren, mit ein bisschen Übung zwar leicht anwenden konnte, dass sie andere aber nach meinen Anweisungen nicht ausführen konnten. Sei also nicht enttäuscht, falls tatsächlich die Experimente bei dir nicht greifen wollen.

Ky Dtika

PS: Ich würde es sehr schön finden, wenn ich mit diesem Booklet zu einer besseren Welt beitragen könnte.

Meine Weisse Ethik

Ich liebe die Weisse Ethik über alles, sie ist für mich wie ein Markenzeichen, ich bin deswegen stolz auf mich selbst, aber nicht eingebildet. Dies alles habe ich auch mir selbst zu verdanken, ich bin und war mein eigener Meister. Dennoch bin ich denjenigen sehr dankbar, welche mir zu meinem Wissenstand verhalfen und welche zu meinem derzeitigen Weisheitsniveau beigetragen haben.

Meine Weisse Ethik ist eher eine Lebensweise als ein Glaube. Der Begriff „Lebensstyle" passt für mich hier perfekt.

Der Glaube meiner Weissen Ethik ist der an sich selbst. Ich bin mein eigener (Ethik-) Soldat. Stehe in meinem eigenen Dienst. Das Ziel wähle ich mir selber, die Aufgaben gebe ich mir selbst. Jeder ist sein eigener Gott, so heisst es auch im Buddhismus. Jeder muss Verantwortung übernehmen. Die Religions- und

Glaubenssache soll aber nicht durch Dekadenz und Kurzsichtigkeit zu kurz kommen. So schade ich nicht nur den anderen, sondern auch mir selbst. Allerdings sollte man auch beachten und akzeptieren, dass es Leute gibt, die in den Glaubensdingen eine Führung benötigen.

Wie man letztendlich am klügsten die Weisse Ethik anwenden kann, ist von Situation zu Situation verschieden, es gibt oft keine Allgemeingültigkeit von Regeln. Man muss sein Verhalten den Umständen anpassen. Dabei ist guter Realitätssinn und Intuition gefragt.

Leitsatz

Es gibt verschiedene Arten, die Grundidee meiner Weissen Ethik auszudrücken. Man soll sich selber sein, sich finden oder sich entdecken. Man könnte auch sagen, man soll das Herz spüren, auf sein Herz hören oder mit dem Herzen denken. Weitere Ausdrucksweisen sind: echt zu sich selber sein, ehrlich zu sich selber sein oder im Reinen mit sich selber sein. Man kann auch ganz einfach sagen man soll jeden Tag so leben, als wäre er der letzte. Ich persönlich würde es auch so formulieren, man soll Zuflucht zu sich selber suchen. Die schönste aller Ausdrucksweisen ist, sein eigener Star zu sein.

All dies ist nicht nur das Ziel, sondern auch der Anfang. Es gibt keine genaue Anleitung, wie man vorgehen kann, man muss einfach bereit zu diesem Schritt sein. Und denke daran, du kannst dich nur soweit verändern, wie du es auch zulässt. Wie nun aber dieser Schritt vollbracht wird, ist sehr individuell. Jeder der diesen Weg gehen will, muss sein Leben selber aktiv in die Hand nehmen.

Man muss wissen, dass das Leben in Gedanken stattfindet, alles was man spürt und empfindet, was man sieht und hört, sieht man in den eigenen Gedanken wieder. Also sollte man seine eigenen Gedanken genau betrachten und analysieren. Dies in jedem Moment. Wie kann man sich besser selber beobachten, als die eigenen Gedanken zu kontrollieren! Und durch die Selbstbeobachtung kann man erlernen Geduld und Toleranz sowie weitere positive Eigenschaften zu verstärken und die negativen wie Neid, Hass und Gier zu meiden. Bewusst denken bedeutet bewusst leben. Und bewusst leben bedeutet Leiden vermeiden. Auch Buddha sagte schon, dass aufrichtiges Denken zu aufrichtigem Handeln führt.

Man soll auch optimistisch denken, denn Optimismus führt zu einem klarerem Gemüt und Verstand. Bemühe dich also, egal in welcher Situation, das Leben als Chance und als Geschenk zu betrachten. Und denke daran, du weisst nicht, ob du je wieder eine solche Chance kriegen wirst, denn womöglich ist sie einmalig und zeitlich begrenzt.

Ziele und Bedeutung

Welche philosophischen Sichtweisen meine Weisse Ethik besitzt und welche Ideale sie vertritt.

Selbstverwirklichung und Gerechtigkeit

Selbstverwirklichung und Gerechtigkeit sind beides Schlagwörter meiner Weissen Ethik. Beides geschieht im Kopf. Es wird durch eine subjektive Ansicht produziert und gelebt. Damit meine ich, es ist hauptsächlich eine Betrachtungsweise und ausserdem der Umgang mit der Anpassungsfähigkeit, ob eine Selbstverwirklichung stattfindet. Auch die Gerechtigkeit ist, nach meiner Ansicht, eine Betrachtungsweise, eine höhere persönliche Philosophie, welche über Sachverhalte urteilt.

Selbstverwirklichung als Gesetz

Bei mir gilt die Selbstverwirklichung als Gesetz. Jeder handelt möglichst nach seinen Wünschen, jeder macht tagtäglich, das was er will, soweit es die Situation zulässt. Dies hat zur Folge, dass die grösstmögliche Selbstverwirklichung erreicht wird. Der Rest ist Kopfsache, dass man zufrieden ist mit dem, was man erreicht hat, und das Erreichte schätzt und geniesst. Wer sich leichter mit Misserfolgen abfindet, ist glücklicher als jemand, der sich nur schwer damit abfinden kann, und dementsprechend findet die Selbstverwirklichung statt. Selbstverwirklichung ist also nicht nur das, was man hat, sondern auch das, was man daraus macht. Auch habe ich den Eindruck, dass jemand der selbstloser ist, sich selber weniger die Zukunft verbaut, als ein Egoist, der Kurzfristiges in seinen Vordergrund stellt.

Klar ist es so, dass manches geschieht, was man sich gar nicht erwünscht hat, und dies sich erst viel später in das eigene Selbstverwirklichungsbild einfügt und man erst dann die Vorteile oder das Positive sieht.

Auch deshalb können kurzfristige Nachteile, respektive das Leiden, existieren, für langanhaltenden Nutzen wie zum Beispiel gewonnene Weisheit.

Gerechtigkeit als Gesetz

Für meine Weisse Ethik ist das Karma der Gerechtigkeit gleichzusetzen. Jede Ursache hat ihre Wirkung, jedes Tun und Handeln eine Antwort darauf. Was man sät, wird man ernten, dies ist das Gesetz der Gerechtigkeit. Ausserdem sorgen die Gefühle für die Gerechtigkeit der Seele. So zeigt zum Beispiel die Intensität der Verliebtheit an, wie gut und billig (im positiven Sinn) man zu einer bestimmten Person sein möchte, respektive ist. Und die Stärke der Wut und des Ärgers gibt an, wie viel Geduld man aufgewendet hat für eine bestimmte Sache oder deren Bewerkstelligung. Klar existiert auch der Faktor Glück, das heisst, dass manche die besseren Lebensumstände haben als andere. Aber auch dies ist, je nach Ansicht, gerecht, denn der Umstand freie Möglichkeit für sich oder für alle wünscht sich beinahe jeder.

Obwohl die Gerechtigkeit nach meiner Theorie ein Naturgesetz ist, sollen aber mutwillige

Schadenszufügungen oder vorsätzliche Qualzufügungen geahndet werden, der Schaden soll mindestens ersetzt, die Qual genügend entschädigt werden.

Selbstverwirklichung als Gerechtigkeit

Die Frage nach dem Sinn und Zweck des Lebens soll sich jeder Einzelne selber beantworten, dies ist seine eigene Aufgabe.

Der Sinn des Lebens besteht nach meiner Sicht aus der Selbstverwirklichung, dies ist die Grundlage. Die Gerechtigkeit braucht eine Grundlage. Individualismus in der Selbstverwirklichung soll gefördert werden, Personenkult soll akzeptiert sein. Jeder soll seine eigene Persönlichkeit selber nach seinen eigenen Idealen entwickeln und ausbilden können. Jeder hat seine eigenen individuellen Gewohnheiten und personentypischen Eigenschaften. Die individuelle Vielfalt soll das Ziel der Selbstverwirklichung sein und sie soll durch die Gerechtigkeit ermöglicht werden.

Gerechtigkeit als Selbstverwirklichung

Ich finde es schön, wenn jemand seine eigene Selbstverwirklichung nach ethischen und moralischen Grundsätzen richtet. Wenn zum Beispiel jemand Fairness und Transparenz walten lässt, um zum Beispiel ein höheres Ziel, wie die Gerechtigkeit (wenigstens zu einem Teil) verwirklichen zu wollen.

Meine Selbstverwirklichung geht idealerweise stark mit dem Verlangen daher, mich ethisch korrekt verhalten zu wollen, meine Weisse Ethik im Alltag praktizieren und repräsentieren zu wollen.

Lebenspraktisch

Der Umgang mit dem Leben. Der Begriff „Lebenspraktisch" trifft seine Bedeutung sehr genau.

Altruismus

Der Altruismus ist auch eine Art der Weisheit. Jedes Lebewesen hat eine gewisse Bedeutung und somit einen nicht nur materiellen Wert. Der Wert des Lebewesens wird aus meiner Sicht nach seiner Möglichkeit und seiner Motivation, Gutes zu tun, gewertet, sowie auch nach seinen schlussendlich vollbrachten Taten. Gute Taten zu anderen, wie auch zu sich selber, werden dabei gewertet. Kleine Aufmerksamkeiten im Alltag zählen viel. Nicht nur Geldspenden an bestimmte Hilfsorganisationen können für andere und vor allem für einen selbst wohltuend und erfüllend sein, sondern Spenden von aufmunternden Worten an Mitmenschen sowie nette Wörter zu Tieren sind von unschätzbarem Wert. Ich spreche nicht nur mit den Tieren, sondern verstehe sie auch. Unfreundliche Worte und Behandlungen sollen gemieden werden, sie sind nicht von Nutzen sondern verhindern lediglich wertvolle Chancen. Mein Ideal ist es, die Schwachen und die Minderheiten zu Unterstützen. Ich helfe zum Beispiel mit Eifer und mit einer Gründlichkeit indigenen und/ oder unterdrückten Völkern mit Zuwendungen.

Toleranz und Achtung sollen eine Selbstverständlichkeit sein, nichts desto trotz soll man den Mut haben, Intoleranz anderer Leute ebenfalls mit Intoleranz gegenüber derer Intoleranz zu begegnen. Damit will ich aber nicht behaupten, man soll sich auf das Niveau des Intoleranten einlassen und ebenfalls Ärger und Leid provozieren, sondern man soll dafür sorgen, dass ethische Grundsätze nicht verletzt werden und wenn möglich mit ethisch vertretbaren Mitteln verhindert oder allenfalls auf eine würdige Art bestraft werden.

Vor allem den frisch geborenen Geschöpfen soll man mit einer Sorgfalt begegnen, denn sie sind ein wichtiger Teil von uns, ja sie sind sogar unsere Zukunft. Ausserdem ist mir als geborener Schweizer die Familie heilig.

Die Liebe zu den Mitgeschöpfen kann durch den herzlichen Umgang miteinander aufgebaut werden. Das Vertrauen soll gefördert werden, denn es kann zur Bildung der Liebe förderlich sein. Das Einzige, was ich hasse, ist der Hass selbst. Der Gebrauch der Macht soll nicht egoistischen Zwecken dienen, sondern dem Wohle aller Lebewesen, sowie dem Erhalt unserer Natur und Ressourcen auch für unsere Nachkommen.

Sich in Geduld zu üben führt nicht nur zu weniger Zorn und Ärger, man überwindet auch Konflikte leichter und erträgt Schmerzen und Leid eher. Das Anwenden von Geduld im Alltag führt zu einem besseren Wohl, sowohl für sich selbst, als auch für die Mitmenschen. Zusätzlich kann die Selbstlosigkeit Ärgerausbrüche verhindern, dann nämlich wenn der Ärger aus egoistischer Motivation entstanden ist.

Selbstliebe

Der Mensch ist sich selbst am nächsten. Selbstliebe ist eine schöne Liebe. Deshalb soll man selbstliebend sein, nicht verblendet, sondern achtend, selbstbewusst und nicht eingebildet. Der Stolz soll gefördert werden, wenn er dabei das Selbstbewusstsein verstärkt. Führt er aber zur Arroganz, oder verbaut man sich wegen ihm selber den Weg, soll man ihn überwinden. Und man wird dadurch glücklicher, ohne dass die Selbstdisziplin zu kurz kommt. Was gibt es schöneres als am Abend selbstglücklich durch die Gegend zu schlendern.

Selbstzweifel, also das Unterschätzen von seinen eigenen Fähigkeiten, stehen dem Selbstbewusstsein im Wege, nichts desto trotz soll aber die Selbstkritik in vernünftigem Mass zur Sprache kommen, denn die Selbstkritik hilft, zusammen mit der Selbstdisziplin, einem auf dem richtigen Weg zu bleiben, man kann sein eigenes Verhalten in der Gemeinschaft und sich selber dadurch besser kontrollieren.

Als einer der Leitsätze schrieb ich, man soll sein eigener Star sein. Wenn man sich so lieben kann, als wäre man ein Star, ist das schon sehr wertvoll.

Weisheit

Jedermann soll überlegt denken und handeln. Ich habe es mir zur Gewohnheit gemacht, meine eigenen Gedanken kritisch, auch nach ethischen Kriterien, zu beurteilen. Denn wer überlegt denkt, handelt auch eher entsprechend. Nach meiner Ansicht soll man durch seinen eigenen Verstand alles hinterfragen und kritisch nach Wahrheit und Ehrlichkeit überprüfen. Zur Weisheit gehört auch, Altruismus allen Lebewesen gegenüber anzuwenden und jederzeit Fairness walten zu lassen. Bei Diskussionen sollte man verschiedene Standpunkte berücksichtigen und es ist ein Vorteil, wenn man sich in andere einfühlen kann. Bei Streitigkeiten soll man auf den Partner eingehen und Einsicht zeigen, nur dann kann ein Kompromiss gefunden werden. Ich denke es ist ratsam, dass man selber keine Kritik annimmt, ohne sie auf Wahrheitsgehalt und Ernsthaftigkeit zu überprüfen. Das Konfliktpotential wird dadurch vermindert und das Selbstbewusstsein nimmt keinen Schaden.

Ausserdem sollte man zudem, dass man seine eigene Erfahrungen berücksichtigt, auch die Erfahrungen von anderen und geltende Weisheiten berücksichtigen. Man bedenke, nicht das Alter sondern die Erfahrung macht die Weisheit aus. Ein hoher Intellekt und eine aussergewöhnliche Kreativität sind von Vorteil.

Weisheit bedeutet auch den Mut zu Veränderungen. Nur dadurch wird langfristig ein Fortschritt möglich.

Philosophisch-esoterische Fragen und die Bedeutung unserer Herkunft und unserer Aufgaben sowie die Existenz der Wiedergeburt oder eines Gottes sind interessant aber nicht allzu wichtig. Schlussendlich zählen sinnvolle Gedanken und Taten am meisten in unserem Leben. Denn diese führen zur Zufriedenheit. Weisheit kann ebenfalls bedeuten, einen gesunden Abstand zur übermässigen Neugier zu halten. Denn zu viel Neugier kann uns schnell in Probleme verwickeln. Obwohl die Neugier auch durchaus Positives bewirken kann, ist es sicherlich nicht schlecht, der Neugier nicht anzuhaften.

Offenheit

Es soll jedermann das Ziel haben, anderen gegenüber offen zu sein, auf andere Leute zuzugehen und ihnen gegenüber aufgeschlossen zu sein. Man soll keine Vorurteile hegen sondern jedem eine Chance geben. Und ausserdem die Leute nehmen, wie sie sind. Es ist ratsam, nur dann Kritik anzubringen, wenn es wirklich angebracht ist. Ausserdem ist es mein Ziel, nichts zu verstecken, Transparenz zu zeigen und keine Geheimnisse zu verbergen, denn die Weisse Ethik ist vorbildlich und hat es nicht nötig sich zu verbergen. Ich schätze es, wenn die Leute direkt sind und die Probleme gleich beim Namen nennen.

Flexibilität

Es ist wichtig, dass man sich eine solide Anpassungsfähigkeit gegenüber dem Leben aneignen kann. Dass man sich auf verschiedene Situationen einlassen und wenn nötig auch sich damit abfinden kann. Wenn jemand flexibel ist, erspart er sich oft mühselige Gedanken und ist offener und gelassener für eine Situation eingestellt. Dies wiederum bewirkt, dass man zufriedener mit dem Leben umgehen kann und weniger unnötig grübelt.

Moral

Es ist wichtig, frei von Verfehlungen zu sein. Keinen Mord und Totschlag auszuüben. Keiner Kriminalität nachzugehen. Keine verfehlte Sexualität zu praktizieren, dazu gehört, sich nicht an unwilligen Partnern zu vergehen, sondern immer im gegenseitigen Einvernehmen zu verhalten, sich nicht an Kindern, Tieren und Leichen zu vergehen. Keinen Inzest zu begehen. Sich nicht egoistisch und rücksichtslos zu verhalten. Sowie auch nicht zu stehlen. Nicht verfehlten Fantasien nachzuhängen. Nicht Jähzorn walten zu lassen. Nicht zu diskriminieren. Gesetze zu akzeptieren und einzuhalten. Pflichten nachzugehen und auszuführen. Ausserdem nicht korrupt zu sein und versuchen, sich nicht erpressen zu lassen.

Nun, vieles was ich hier erwähnte ist zwar eine Selbstverständlichkeit, sie soll es aber auch bleiben.

„Samsara-Verfall" entgegenwirken

Ob man aus dem Daseinskreis der Wiedergeburten (nach Buddhismus) ausbricht, ist nicht bedeutend, da man als Vertreter der Weissen Ethik (im Idealfall) sowieso deutlich mehr im Genuss verweilt.

Was ich damit hier meine, ist, man sollte einen gesunden Abstand zum eigenen Leben wahren. Dadurch kann man den eigenen Lebensumstand besser und objektiver beurteilen. Rückschläge werden einfacher weggesteckt und man ist flexibler, wenn man nicht zu stark an Beständigkeit anhaftet. Objektivität und Nüchternheit in Beziehungs- und Lebensdingen ermöglichen eine klare Sichtweise auf die wichtigsten Dinge im Leben. Durch fehlende Anheftungen an die kurzsichtige und bequeme Lebensweise können sie gefördert werden.

Selbstlos zu sein ist eine positive Eigenschaft, wenn man aber trotzdem selbstbewusst ist. Negative Emotionen sollte man meiden, aber nicht unterdrücken. Eifersucht, Hass, und Neid sollen Fremdwörter hinsichtlich der

Gefühle sein. Selbstmitleid und Wut versuche ich ständig zu meiden. Peinlichkeitsgefühle existieren für mich kaum, denn der Mensch ist natürlich. Gefühle aus Peinlichkeit lassen sich vermeiden, indem man seine Sichtweise und sein Denken nicht (mehr) von anderen abhängig macht. Also indem ich mir weniger Gedanken darüber mache, wie andere darüber denken. Komplexe versuche ich erst gar nicht auftreten zu lassen. Stattdessen koste ich den Triumph und lache über den Ärger und lasse mich kaum beeindrucken.

Ich persönlich gehe sogar so weit, wenngleich ich es als nicht notwendig erachte, dass bei mir kaum enttäuschte Gefühle auftreten, wenn ich etwas nicht kriege, was ich gern hätte. Dies hat (leider) aber auch den Nebeneffekt, dass ich die Vorfreude kaum mehr kenne. Dafür habe ich manchmal spontan Freude am Leben. Gleichmut ist eine meiner Stärken, wobei ich aber dennoch genau weiss, was ich wirklich haben oder erreichen will und dies auch zu tun versuche.

Negative Emotionen werden oft durch zu starkes Anhaften an das „Samsara"[1] begünstigt. Durch eine Entfernung von den Ursachen des „Samsara" wirkt man nach aussen auch spirituell reifer.

---

1 Samsara ist die Bezeichnung für den immerwährenden Zyklus des Seins, den Kreislauf von Werden und Vergehen bzw. den Kreislauf der Wiedergeburten in den indischen Religionen. (Entnommen aus Wikipedia.) Hier meine ich mit der Anhaftung an das Samsara, das Anhaften an Geistesgifte wie Gier, Hass und Verblendung, also an die Ursachen, welche für den immerwährenden Zyklus des Seins verantwortlich ist.

Gelassenheit und Optimismus

Um im Einklang mit sich selber zu sein, also um einen möglichst liebevollen „weiss-ethischen" Umgang mit sich selber zu haben, braucht es auch das nötige Fingerspitzengefühl. Beinahe jeder Gedanke, den wir denken, hat auch einen Einfluss auf unsere Gefühle. Also wenn wir zum Beispiel an potentiell Angst verursachende Dinge denken und uns ungünstige Zukunftssituationen ausmalen, können wir dadurch Angst verspüren. Und umgekehrt, wenn wir daran denken, dass wir schon viel schwierigere Situationen ohne grosse Probleme bewältigt haben, macht dies uns locker, möglicherweise strotzen wir dann sogar vor Mut und Sicherheit und wir verlieren unsere Angst. Was ich auch meine, es entsteht ein Kreislauf; die Gedanken sind für Gefühle verantwortlich, welche dann wiederum weitere Gedanken fördern und es entsteht eine Spirale. Mein Rat ist folgender: Das Individuum soll versuchen möglichst viele optimistische Gedanken zu konstruieren. Auch wenn bei einem Pessimist am Anfang vielleicht noch ein gewisser Unglaube den optimistischen Gedanken gegenüber besteht, mit der Zeit werden die Gedanken auch auf die Gefühle wirken. Und er wird gelassener und fröhlicher.

Grünes Bewusstsein und Achtsamkeit

Zu meiner Weissen Ethik gehört auch ein grünes Bewusstsein.

Dazu gehört bereits achtsam einkaufen und achtsam essen, damit meine ich langsam und gründlich zu kauen, um den Geschmack bewusster anzuschauen, wahrzunehmen und zu geniessen. Auch mit dem Auge kann man auf eine umweltfreundliche Art den Genuss der Wahrnehmung intensivieren. Man betont den Farbenkontrast und die Leuchtkraft indem man den Fokus gleichzeitig auf weit und nah richtet[2], aber auf das Anvisierte trotzdem scharfstellt. Ich nenne diesen Zustand lichtsüchtig[3]. Wer lichtsüchtig ist, kann vor allem in der Nacht die Lichter paradiesisch geniessen. Am Tag macht Lichtsüchtigkeit wenig Sinn. Dafür gibt es noch eine Möglichkeit um die Farben selbst und den Hell-Dunkel-Kontrast zu betonen. Dazu kann man mit den

---

2 Anmerkung: Die Beschreibung im Text wie ich zu dem Lichter-Genuss komme ist bloss eine von vielen Möglichkeiten, ich habe gemerkt, dass es auch auf andere Weisen geht.

3 Lichtsüchtigkeit: *(Hier:)* Durch besondere Seh- und Anvisiertechnik verstärkter Genuss der Wahrnehmung vor allem der Leuchtkraft der Farben, vorzugsweise in der Dunkelheit.

Augen das Schielen leicht antönen, aber ohne zu schielen. Dadurch wird man farbensüchtig[4] und man kann die Wahrnehmung durch die Augen auch am Tage intensiv geniessen. (Bei mir funktioniert es. Ich konnte sogar die beiden verschiedenen Techniken kombinieren.) Meine Beschreibung ist bloss ein Versuch, diese Techniken zu erklären, jemand anders würde sie wohl auf eine differenzierte Art erklären.

Auch die Musik kann man besser geniessen, wenn man in die Melodie aktiv Gefühle hineingibt. Man nimmt eine Melodie viel schöner wahr, wenn sie zum Beispiel euphorisch oder auf eine schöne Art melancholisch, traurig oder bitter ist. Oder voller Sehnsucht. Ich habe es mir zur Gewohnheit gemacht, meine negativen Erfahrungen wie Liebeskummer oder erlittenes Unrecht durch Musikhören zu verarbeiten. So konnte ich meine Gefühle herauslassen und gleichzeitig auch geniessen. Glücklicherweise konnte ich mir die Emotionen der

---

4 Farbensüchtigkeit: *(Hier:)* Durch besondere Seh- und Anvisiertechnik verstärkter Genuss der Wahrnehmung der Farbenvielfalt und des Hell-Dunkel-Kontrastes, vorzugsweise im Hellen.

emotionellen Melodie[5] während schwierigen Lebenssituationen merken, so dass ich heute die Musik noch emotionsgetreu[6] (dies bedeutet, dass die Emotion lediglich noch in der Melodie steckt und nicht mehr im Körper, sondern dort höchstens durch die Wirkung der Melodie reproduziert werden kann) anhören kann, mit aller Sehnsucht und Bitterkeit.

Wir sollten wissen und uns bewusst sein, dass wir in eine moderne Hochzivilisation hineingeboren wurden. Heute lebt fast jeder, vor allem in den westlichen Ländern, wie ein König, dies sollten wir schätzen, aber auch entsprechend Verantwortung übernehmen. Wir sollten verantwortungsvoll und nachsichtig handeln und aus Fehlern lernen. Engstirnigkeit, Profitgier und Desinteresse sollten wir meiden. Wir sollten auch Rücksicht auf nachfolgende Generationen und auf die

---

5 Emotionelle Melodie: *(Hier:)* Die Verknüpfungen von Emotionen und Melodie, wenn sie sich miteinander verbinden, nenne ich emotionelle Melodie.

6 Emotionsgetreu: *(Hier:)* Ursprünglichkeitsgetreue Art der Wiedergabe der emotionellen Melodie, wobei die Gefühle bloss noch nachgeahmt werden, ohne aber dem Original nachzustehen.

Natur ausüben. Für andere Kulturen sollten wir Toleranz entgegenbringen und ihnen nicht unseren Glauben und Zivilisationsstand aufdrängen.

Auswirkung

Die Auswirkungen durch die richtige Anwendung meiner Weissen Ethik sind ausschliesslich von Vorteil, negative Folgen sind nach meinen Kenntnissen bei verantwortungsvollem Handeln absolut auszuschliessen.

Weniger Probleme

Eine der Folgen der Anwendung meiner weissen Ethik ist, dass man weniger Probleme hat. Dies ist vor allem darauf zurückzuführen, dass man flexibler ist und eine gesunde Distanz zu Schwierigkeiten hat, respektive sie leichter verarbeiten kann. Ein weiterer Punkt ist, dass man seltener in einen Streit verwickelt wird. Man erzielt beim Umfeld mehr Sympathiepunkte worauf diese mit einer höheren Hilfsbereitschaft antworten. Man überwindet Verluste leichter. Und wenn man einen Schaden erlitten hat, ist es kein Nachteil, wenn die Unzufriedenheit oder die Wut ausbleibt. Durch die

Anwendung einer Weisheit, welche sich auf die jeweils entsprechende Situation bezieht, also situationsgerecht ist, ermöglicht sich eine kompetentere Reaktion.

Ausserdem wird eine erhöhte Lebensstabilität gewährleistet. Dies dank einer entstehenden Gelassenheit, welche auch durch eine gewisse Entfernung zu den Anhaftungen begünstigt wird, sowie dank einer Selbstsicherheit, welche durch gemachte Lebenserfahrungen von Misserfolgen sowie Erfolgen erlangt wird. Schicksalsschläge werden leichter weggesteckt und schwierige Sitiuationen leichter bewältigt.

Mehr Genuss

Man erfährt Glücklichkeit und Zufriedenheit, auch als Single, und ist sich dessen auch bewusster. Negative und unangenehme Gefühle treten seltener auf. Ein Leben mit paradiesischen Zügen, also ein genussvolles Leben, ist möglich, auch weil Nahrungs- und Genussmittel bewusster konsumiert werden. Licht- und Farbensüchtigkeit können möglicherweise trotz meiner Anleitung nicht erlangt werden, wer es sich aber erhäcken kann, wird dies sehr schätzen, denn es ist nicht nur ein intensiver Genuss sondern fördert auch die Glücklichkeit. Aber der intensivste Genuss ist für mich das Hören der emotionellen Melodie, dies ist das grösste Geschenk, welches ich kenne.

Höheres Ansehen

Als Vertreter der weissen Ethik gilt man als vernünftig, glaubwürdig und ernsthaft. Ausserdem als ehrlich, aufrichtig, zuverlässig, aufgestellt und höflich. Und dies ohne sich etwas deswegen einzubilden oder gar hochnäsig zu sein. Man hat den Ruf, vorbildlich zu sein, und erlangt mehr Freunde und Bewunderer. Als Star gar, ist man dazu sehr volksnahe.

Höheres Wohlbefinden

Der wichtigste Vorteil aber eines Anwenders meiner Vorschläge ist ein besseres Wohlbefinden. Man fühlt sich ausgeglichener, ruhiger und gelassener. Die Geduld ist eine Stütze, welche das gelassene Angehen von schwierigen Situationen ermöglicht.

Durch den Abstand zum eigenen Leben, dem Fehlen der Anhaftung an die Ursachen des Samsara und der erhöhten Selbstsicherheit, sowie dank dem Sich-in-Gleichmütigkeit-Üben, tritt ausser der erhöhten Gelassenheit auch eine verminderte Nervosität und eine erhöhte Konzentration auf, sogar bei dem Durchführen von Vorträgen oder Ähnlichem.

Die Selbstlosigkeit führt zu einem klaren Gemüt und klaren Gedanken beim Erfahren von schmerzlichen Verlusten. Überhaupt tritt man frischer und fröhlicher auf.

Hintergrund

Ich bin in den Bergen aufgewachsen. Dadurch brauchte ich mehr Zeit, bis ich jederzeit aus mir selbst kam, denn als Kind war ich sehr schüchtern. Ich bin Schweizer Patriot, liebe die Berge, den Schnee und die Demokratie. Des Weiteren habe ich ein ausgezeichnetes Bildungsniveau. Nun möchte ich intensiver auf meine Jugend eingehen.

In der Mittelschule verliebte ich mich, stürzte aber jenes Mädchen und mich selbst in tiefen Liebeskummer. Durch diese Schuld bekam ich eine intensive Motivation etwas Sinnvolles zu tun. Ich wollte mich selber verändern. Die Ethik sollte mir ins Blut übergehen, dies war mein Wille. Schon damals wusste ich dies anzugehen. Ich versorgte mich mit Selbstpropaganda. Mindestens ein Dutzend Bücher von seiner Heiligkeit dem Dalai Lama las ich. Ich hoffte, dass diese Bücher auf mich ihre Wirkung entfalten würden. Aber ich wusste, dass das Lesen alleine nicht genügte. Ich begann mich selber kritisch zu beobachten und mein Verhalten zu analysieren und zu verändern. Ausserdem waren mir die tibetische Kultur und Religion ausserordentlich sympathisch. Ja, ich als Konfessionsloser wollte auch den Buddhismus (im Kopf) übernehmen. Also las ich auch Bücher über den Buddhismus und Buddha. Des Weiteren klärte ich mich durch Bücher, welche ich aus der Kantonsbibliothek leihen konnte über den Tibetischen Völkermord auf. Später, durch eine Lebensbeeinflussung, studierte ich noch Bücher über die PSI[7]-Wissenschaften.

Ich war damals auf der Suche nach einer perfekten Ethik, und die tibetische Religion konnte mir eine genügend weisse Ethik anbieten. Ich begann mich auch zu engagieren, da ich einen starken Wunsch an der Lösung der Tibetfrage verspürte.

---

7 Der Begriff Psi-Phänomen ist ein Oberbegriff aus der Parapsychologie und bezeichnet verschiedene hypothetische Phänomene. Zu diesen Phänomenen gehören die Telekinese sowie aussersinnliche Wahrnehmungen wie Hellsehen und Telepathie. Präkognition bezeichnet die Fähigkeit, in die Zukunft zu sehen, und Psychokinese bzw. Telekinese bezeichnet die Fähigkeit, Dinge durch geistige Kräfte zu bewegen. (Definition entnommen aus Wikipedia.)

Die Welt schien sich für mich zu bessern, bis ich plötzlich Opfer eines grossangelegten Rufmordes wurde.[8] Die Täter handelten aus Unkenntnis und Leichtsinnigkeit ohne ihre Verantwortung wahrzunehmen. Ich litt unter einem beachtlichen Dauerstress und hatte Angstzustände. Doch ich wollte nicht aufgeben. Ich war alleine in einem Aufenthaltsraum meiner Schule, als ich plötzlich eine intensive Kampfeskraft verspürte. Ich war bereit zu kämpfen, bis zum Ende. Auch wollte ich nicht mein Leben verschwenden, da es für Tibet noch einen Nutzen haben könnte. Nun hatte sich die Situation für mich verschlimmert, da die Gerüchte Kopfgeld auf meinen Tod versprachen. Ich wurde sogar eines Abends von der Polizei auf dem Schulweg begleitet, wobei ich dies heute dem Zufall zuordne.

---

8 Ich kann heute allerdings kaum mehr unterscheiden, was wirklich über mich geredet wurde und was ich mir lediglich einbildete. Den oft hörte ich nur ein paar Wortfetzen, welche ich im Kopf selber ergänzte und steigerte mich so in eine Gratwanderung zwischen realem Leben und fiktiven, eingebildeten Umständen.

Ich konnte die Mittelschule schliesslich dennoch erfolgreich abschliessen. Mit nur drei Wochen Auszeit. Die Berufswahl richtete sich bei mir nach moralisch-ideologischem Gedankengut.

Ich glaube noch heute, dass ich vielleicht bloss dank meinen Idealen, die sich stark an Tibet orientierten und richteten, keinen Selbstmord ausführte. Heute bin ich ausgesprochen selbstbewusst, aber dennoch selbstkritisch. Und versuche meine Situation durch persönliche Genussexperimente zu verbessern. Schliesslich erzielte ich schon beachtliche Erfolge, man denke an die Lichter- und Farbensucht, welche ich erlangen konnte. Das Hören der emotionellen Melodie hingegen beherrsche ich schon, seit ich Musik höre, begann sie aber erst seit dem ersten Liebeskummer auszubauen.

Mein Traum ist, dass der blaue Planet, damit meine ich die Erde, irgendwann den Ruf eines weissen Planeten hat, in Bezug auf die Ethik. Jeder Mensch hat ein Recht auf Freiheit und Frieden. Demokratien sollte man fördern, die Menschenrechte achten. Auch sollte man die Meinungsfreiheit und die Gedankenfreiheit akzeptieren und die Artenvielfalt soll geschützt werden.

Denke daran, ein JEDER trägt zu der Entwicklung unserer Welt bei, dies soll man sich vielleicht bewusst werden lassen und möglichst nachhaltig denken und leben.

Gedichtsammlung von Ky Dtika

Weisse Ethik

Ich liebe die Ethik weiss wie der Schnee,

weit wie der Ozean, klar wie ein See,

leicht und zart wie eine fliegende Feder,

selbstglücklich und zufrieden wird durch sie ein Jeder.

Ich lebe die Ethik heute, ich achte sie morgen,

durch sie werde ich frei und lebe ohne Sorgen.

Sie ist lieblich und besänftigend wie eine Flöte,

begleitet und beleuchtet in jeder dunklen Nöte,

für die Suchenden ein weisender hilfreicher Pfad,

nicht zu süss, nicht zu salzig, nicht zu bitter, nicht zu fad.

Ich lebe die Ethik heute, ich achte sie morgen,

durch sie werde ich frei und lebe ohne Sorgen.

Leuchtend und Farbig wie ein Regenbogen,

achtend und ehrlich und auch nicht verlogen,

dank ihr hab ich zum Engagement einen intensiven Drang

und zur Gerechtigkeit einen starken Hang.

Ich lebe die Ethik heute, ich achte sie morgen,

durch sie werde ich frei und lebe ohne Sorgen.

Es freut das Gemüt, es reinigt das Herz,

es schillert die Seele und lindert den Schmerz,

sie sorgt für Verständnis und Solidarität,

dank ihr ist Lebenssinn nicht gleich Rarität.

Ich lebe die Ethik heute, ich achte sie morgen,

durch sie werde ich frei und lebe ohne Sorgen.

Laternenslider

Ich komm' so selbstglücklich daher,

ein Sprung tut sich nicht schwer.

Ich streif' die Laterne mit meinem Schuh

und denke dabei immerzu:

"Ich war, ich bin, ich werde sein,

ich bin mit mir selbst im rein',

Vergangenes war selten nur leicht,

dennoch Vieles hab' ich erreicht."

Weiter zieh' ich den Weg entlang,

wie wunderlich die Musik nur klang.

Ich geniess' mich selbst und es ist klar,

ich bin so gern mein eigener Star:

"Ich war, ich bin, ich werde sein,

ich bin mit mir selbst im rein',

Vergangenes war selten nur leicht,

dennoch Vieles hab' ich erreicht."

Die Dunkelheit dann bricht herein

und ich geniess den Lichterschein,

ich fühl' mich in den Strahlen geborgen,

die Lichtsucht macht mir keine Sorgen:

"Ich war, ich bin, ich werde sein,

ich bin mit mir selbst im rein',

Vergangenes war selten nur leicht,

dennoch Vieles hab' ich erreicht."

Die Antwort

Sorgen, Verlust und Schuld,
die Antwort ist Geduld.

Hass, Zorn und Hiebe,
hier ist es die Liebe.

Und nicht zuletzt,
falls du bist verletzt,
dann heilt dich die Zeit,
sei sie auch noch so weit.

Dein Glück

Halte die Seele frisch und frei

und denke es ist nicht einerlei,

gelassen und echt soll sie sein,

dann findet auch das Gemüt sich ein.

Und ist es dann klar, beherzt und befreit,

ist es auch zu deinem Glück nicht weit.

Alles was du brauchst ist Zufriedenheit und Frieden,

damit wirst du auch das Schwere besiegen.

Wirklichkeit der Träume

Ich lebe im jetzt und hier
und merke ich bin mit mir,
das bedeutet für mich allein,
eins ist das Universum und eins ist das Sein.

Und wird die Welt auch neu,
ich sicherlich bleibe mir treu.
Veränderung kommt auch innerlich,
das Herz liebt die Seele auch inniglich.

Ich glaube irgendwann kommt die Zeit,
in der die Seele den Geist befreit.
Ein Regenbogen wird zum Gemüt
bis das Ego auch gänzlich erblüht.

Doch noch ist die Zeit so fern, so fern,
und ich träume doch so gern' im Kern.
Und frag mich nach der Wirklichkeit,
ob sie auch geht mit der Zeit?

Ich bin mit mir

Mein Ich ist in der Musik daheim,
komme ich dann nach Hause rein,
stelle ich fest, ich bin mit mir,
was das bedeutet, ich erklär' es dir:

Ich bin mit meinen Gedanken allein,
dies darf und soll auch so sein,
doch nein, nein und nochmals nein,
nicht nur ich, auch die Musik, mein.

Und ich fühl' mit ihr meine Welt,
was veranlasst dass es mir gefällt,
mein Kopf ist dann allzu klar,
und meine Träume bei den Sternen gar.

Seiner ist das selbst, denk ich zu mir,
gut auch, dass ich mit mir existier',
denn ein guter Freund ist das Vertrauen,
welches Optimisten in sich selber bauen.

Ich bin mit mir, erfreut es mich

und versetzt meinem Herz auch keinen Stich,

im Gegenteil mir ist behaglich,

der Weg zum Selbst für mich nicht fraglich.

So wenig braucht es doch allein,

um wiedermal nur glücklich zu sein.

Der Rat dazu der Seele feil,

halte sie so rein und heil.

Weisheiten und Sprüche

Finde dich ein, fühle das Sein, finde deinen Pfad, das ist ein Rat!

Ky Dtika

Denke nichts und du erfährst, denke viel und du ernährst!

Ky Dtika

Emotionen sind diejenige, welche über dich wachen, achte darauf, dass sie gut lachen.

Ky Dtika

Wenn die Seele spricht, so geht es nicht, dann achte, aber sachte!

Ky Dtika

Lebe für deine Ethik im hier und jetzt,
auch wenn dein Ego seine Messer wetzt.

Ky Dtika

Denke bewusst, denke klar, werde dein eigener Star!

Ky Dtika

Der schönste Glaube ist der an sich selbst.

Ky Dtika

Ethik lieben, Ethik leben,

Ethik soll dich wiedergeben!

Ky Dtika

Lebe für den ECHTEN Sinn

und schätze auch den Mehrgewinn.

Ky Dtika

Schenke deinem Herzen die nötige Ruh',

es schenkt sie deiner Seele weiter im Nu.

Ky Dtika

Lässt du dein Herz aus Liebe lachen,

fühlst du nur zufriedene Drachen.

Ky Dtika

Schlusswort

Inzwischen bin ich schon vierundzwanzig Jahre alt, den Anfang mit dem Schreiben machte ich mit zweiundzwanzig, den Hauptteil mit dreiundzwanzig und die Ergänzungen mit vierundzwanzig Jahren.

Trotz meinen bisherigen protibetischen Aktivitäten, hatte ich die Gelegenheit in tibetisches Gebiet zu reisen. Ich fand die Reise ziemlich interessant. Die Tibeter wurden ihrem Ruf gerecht, sehr herzlich zu sein. Glücklicherweise waren auch die Chinesen sehr erfreut Europäer anzutreffen und machten uns keine Schwierigkeiten. Auch die Landschaft war genau so, wie man sich bei uns das Tibet in den Träumen ausmalt; weite Hochebenen und im Hintergrund hohe schneebehangene Berge.

Die Tibeter sind sehr offen und knüpfen schnell Kontakte. Und sie konnten über uns lachen (über unser Kopfweh vom Bergwandern), ohne dass wir das Gefühl bekamen sie würden uns auslachen. Sie waren auch sehr tolerant, aber sehr neugierig. Da wir solche westliche Exoten waren, wurden wir schnell zu einem Mittelpunkt der Aufmerksamkeit.

Wir besuchten auch mehrere Klöster. Bei den ersten ging ich jeweils als Tourist in die Tempel, staunte über die Statuen, Malereien und Architektur, bekam aber vom eigentlichen Sinn des Klosters kaum etwas mit. Schliesslich besuchten wir noch ein letztes, sehr abgelegenes Kloster. Dort fanden wir uns alleine vor einem etwas abseits gelegenen Tempel wieder. Wir waren neugierig und niemand war zugegen. Schliesslich betraten wir es ohne sichere Erlaubnis und betrachteten es, korrekt im Uhrzeigersinn kreisend. Und erst jetzt fühlte ich mich nicht nur als Tourist, sondern auch als Besucher. Ich fühlte in mir, wie heilig mir die Statue und der gesamte Tempel war. Selbstverständlich legte ich eine kleine chinesische Geldnote zu den anderen auf den Altar und stellte fest, dass ich ein reines Gewissen hatte. Obwohl ich gar nicht genau wusste, ob ich für das, was ich tat, die Erlaubnis hatte. Dieses Kloster blieb mir wegen diesem Erlebnis als das Ergreifendste in Erinnerung.

Und ich weiss auch wiedereinmal, wenn man etwas tut, bei dem man nicht weiss ob es korrekt ist, so soll man es wenigstens so tun, dass es für einen selbst zumindest stimmt, so dass man mit sich selbst im Reinen bleibt.

Das Schreiben meines Booklets war für mich eine gute Selbstreflexion. So dass ich nun genau weiss, was ich wirklich denke in Bezug auf das Ausleben einer weissen Ethik.

Zu guter Letzt wünsche ich dem Leser, dass er, was auch geschehe, nie den Glauben an sich selbst verlieren mag. Dass er an sich selbst arbeitet wenn nötig und sich nicht aufgibt.

Sei mit dir selbst!

Ky Dtika

http://www.laternslide.ch

ky_dtika@laternslide.ch